ULYSSE LERICHE

contre

JEAN LONGUET

Député de la Seine

ET

ses Acolytes

DOCUMENTS

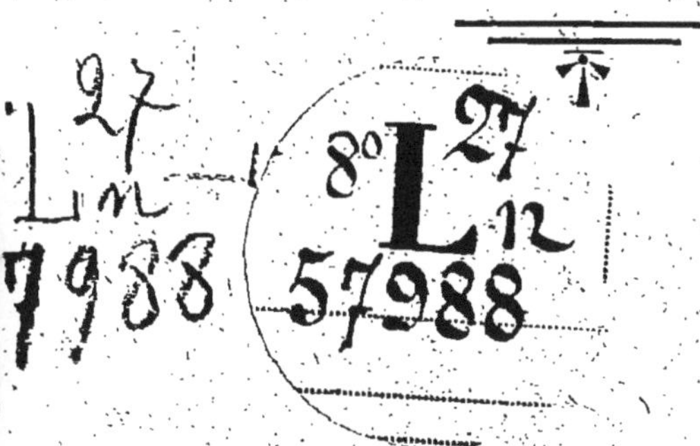

Octobre 1917

A tous ceux, de quelque tendance et à quelque parti qu'ils appartiennent, mais qui ont le souci de leur dignité et la fierté de leur honneur, je dédie ces **Documents.**

U. L.

Le journal hebdomadaire *Le Populaire* (1), dont J. Longuet, député de la deuxième circonscription de Sceaux, est le directeur, a publié les lignes qui suivent dans deux numéros successifs :

AVERTISSEMENT

COMITÉ POUR LA DÉFENSE DU SOCIALISME INTERNATIONAL

Le Comité fait connaître aux Fédérations et à tous les camarades minoritaires que « le citoyen Leriche ne fait plus partie du

(1) Lancé dans les Fédérations en Société au capital de 20,000 francs, divisé en 800 actions de 25 francs (siège social provisoire : 48, rue Greneta, à Paris).

Des souscriptions sont venues. La Société a-t-elle été légalement constituée ? A quelle date ? Chez quel notaire ? Où ont eu lieu les publications prescrites par la loi ?

Ce sont là des questions que je pose.

Comité » depuis le **14** août, et qu'ils ne doivent tenir aucun compte des communications que ce citoyen pourrait leur faire.

Toute la correspondance pour le Comité doit être adressée à la citoyenne Marianne Rauze, au *Populaire*, 49, rue de Seine, Paris (VI°).

***

Sans être grand clerc, tout le monde sentira l'insulte à peine dissimulée entre les lignes de cet *avertissement*.

J'écrivis donc tout aussitôt, voulant croire encore que l'auteur du filet du *Populaire* n'avait pas voulu sciemment mentir, la lettre suivante dont je réclamai l'insertion :

Paris, le 12 septembre 1917.

Mon cher Longuet,

Après les démissions motivées des citoyens Paul-Louis, Adrien Pressemane, Sixte-Quenin, Alexandre, je t'envoie la mienne en te priant de la faire parvenir au Comité de la Minorité ou à son secrétaire, s'il y en a encore un, du moins virtuellement.

Personne ne contestera que j'avais pris à cœur, avec un désintéressement que personne autre, je l'affirme, ne pourra revendiquer à son actif, les fonctions de membre et de secrétaire du Comité pour la défense du socialisme international.

Mais, si j'avais sacrifié mes intérêts, mon repos et celui des miens, n'ayant cependant aucune velléité électorale, ni aucune autre ambition que celle de bien servir mon parti, c'est que je pensais que c'était un devoir pour moi de me sacrifier à l'organisation de nos forces éparses, de les rassembler et d'en faire un tout qui répondît à l'état d'esprit, aux aspirations de nos camarades qui, depuis trente-huit mois, se font tuer aux tranchées; je croyais que nous pouvions en faire une force capable de répondre aux puissances de la réaction.

Hélas, cette préoccupation n'est, pour certains, qu'un moyen de manœuvrer pour se hisser sur un tréteau électoral et je ne vois guère, en vérité, les raisons qu'ont certains minoritaires de reprocher à Renaudel d'être un cuisinier si ce n'est qu'ils ont la prétention, justifiée ou non, d'être un aussi bon *cuistot* que le *leader* de la majorité.

Je répudie les uns et les autres : ils se valent et sont faits pour s'entendre.

Il ne me plaît pas de demeurer en pareille compagnie.

Je n'ai pas milité pendant cinquante ans de ma vie pour servir d'instrument à des arrivistes ou à des profiteurs que les scrupules n'étouffent pas, et c'est le moins que je puisse en dire.

Nos camarades de province, trop délaissés malgré mes nombreuses protestations et celles de la citoyenne Gourdeaux, diront prochainement s'ils approuvent l'inorganisation et l'inaction de la minorité et s'ils sont placidement décidés à se contenter des bribes d'informations que, de temps à autre, on leur distribue parcimonieusement. Ils diront, avec nos amis de la Fédération de la Seine, que l'on avait promis de réunir tous les quinze jours (promettre et tenir sont deux), s'ils entendent rester avec ceux qui sont demeurés dans le Comité d'inaction de la minorité, ou s'ils ont l'intention, avec des militants convaincus, dévoués et probes que je connais, d'organiser sérieusement, au sein de la S. F. I. O., un parti de protestation socialiste avec toutes les sanctions depuis si longtemps nécessaires.

De tout cela, nous causerons à Bordeaux,

En attendant, mon cher Longuet, je te prie de bien vouloir faire insérer la présente lettre dans le *Populaire*,

Et reçois l'assurance de mes sentiments socialistes et cordiaux.

Ulysse LERICHE

***

RÉPUBLIQUE FRANÇAISE

CHAMBRE
DES DÉPUTÉS

Paris, le 17 Septembre 1917.

Mon cher Leriche,

A mon retour de la campagne, je trouve, tiré à deux exemplaires, une lettre de démission que tu m'envoies du Comité de la Minorité et dont tu me demandes, d'autre part, la publication dans le journal. Je dois te dire que nos camarades du Comité ne sont pas d'avis de la publier.

Je regrette vivement ces froissements

dont je ne m'explique d'ailleurs pas la véritable cause.

Crois, en tous cas, à mes bons sentiments.

Jean LONGUET,
Député de la Seine.

Ainsi, dans la lettre ci-dessus, Longuet reconnaît qu'il était faux d'insinuer que je ne fisse plus partie du *Comité de la Minorité* depuis le 14 août, puisque je n'ai donné ma démission que le 12 septembre, cependant, *Longuet regnante*, on refuse d'insérer ma rectification, ce qui n'empêche pas Longuet de me prier de croire *à ses bons sentiments.*

Tartufe vit encore et Longuet, qui fait appel à la collaboration de militants à peine sortis des ordres religieux ou de la camelote royale, aurait été un merveilleux personnage dans les comédies de Molière.

Mais c'est un triste militant dans le Parti socialiste.

***

Paris, 19 septembre 1917.

Mon cher Jean,

A ton retour de la campagne, tu as trouvé ma lettre de démission du Comité de la Minorité.

Elle est datée du 12 septembre et tes camarades du Comité n'ont pas été, m'écris-tu le 17 courant, d'avis de la publier. Ils ont préféré, et je regrette sincèrement pour toi que tu ne t'y sois point opposé, publier à mon sujet un filet qui n'est que mensonge odieux par son caractère d'hypocrisie et par sa scélératesse.

Je comprends et j'approuve toutes les protestations que nous avons fait entendre au sujet de la rédaction des journaux de gouvernement, dont les colonnes sont toujours ouvertes à l'insulte et à la diffamation, mais pour lesquels une censure vigilante exerce son veto lorsqu'il s'agit, pour nous, de répondre ou de se défendre.

Nous avons lutté ensemble contre ces tristes moyens et je déplore sincèrement que mon excellent ami Longuet soit à la disposition de quelques individus qui, aujourd'hui, emploient les mêmes procédés avec un cynisme non moins révoltant.

Bien. Ma lettre du 12 ne paraîtra pas dans le *Populaire*. Elle sera publiée ailleurs. Les militants ne l'ignoreront pas pour cela.

Mais si tu ne t'expliques pas, me dis-tu, la véritable cause de mes dissentiments avec les meneurs patentés du Comité de la Minorité, tu m'étonnes, et j'aime mieux ne pas te croire pour ne pas faire un tort trop grand à ton expérience des hommes et des choses, ainsi qu'à ta perspicacité.

Si, en tout cas, tu veux être édifié à ce sujet, tu connais le chemin de mon bureau. J'y suis toujours à ta disposition pour te fournir tous les renseignements utiles.

Quoi qu'il en soit, je te prie de recevoir, mon cher Longuet, mes sentiments les meilleurs.

U. Leriche.

P.-S. — *J'avais écrit le 5 courant à la citoyenne Rauze au sujet d'un abonnement L. Bertrand dont elle a perçu le montant et dont notre camarade* (3e *section) réclamait le remboursement parce qu'il n'a jamais reçu un numéro du* Populaire, *et Mme Marianne Rauze ne m'a pas fait l'honneur de la moindre réponse non plus qu'au citoyen L. Bertrand, qui m'écrit :*

> « Je n'ai toujours pas reçu de l'Administration du *Populaire* le remboursement de mon abonnement, ni même un mot à ce sujet.
>
> « Je suis certain que vous trouverez comme moi que cette administration manque autant de politesse que d'organisation. »

J'écris à Bertrand pour dégager entièrement ma responsabilité, ayant versé les fonds qu'il m'avait remis et je laisse aux désorganisateurs du Populaire *le soin de régler cette affaire, si toutefois ils le jugent nécessaire.*

M. J. LONGUET, député, 49, rue de Seine.

***

Le Journal du Peuple

Directeur :
Henri FABRE
PARIS

Paris, 19 Septembre 1917.

Mon cher Leriche,

Je te serais infiniment obligé de me remettre, dès que tu le pourras, la correspondance et les divers papiers du *Comité pour la Défense du Socialisme International*, que tu dois avoir chez toi.

J'en ai besoin pour l'action qui doit précéder le prochain Congrès.

J'espère que tu feras diligence et je te prie de croire à mes meilleurs sentiments socialistes.

M. Delépine,
72, rue Olivier de Serres, Paris.

***

Paris, le 21 Septembre 1917.

Mon cher Delépine,

Avant de donner la moindre suite à ta lettre du 19 courant, tu ne trouveras pas étonnant que je te demande de bien vouloir répondre — par lettre — aux trois points suivants :

1° As-tu lu l' « Avertissement » publié dans le *Populaire* du 15 courant?

2° As-tu participé à sa rédaction qui n'est que mensonge et perfidie ; en as-tu approuvé le texte?

3° Peux-tu m'en indiquer l'auteur pour me permettre de lui botter le cul?

Après, s'il y a lieu, nous pourrons causer.

En attendant,

J'espère que tu feras diligence et je te prie de croire à mes meilleurs sentiments socialistes.

U. Leriche.

Citoyen M. Delépine, 72, rue Olivier-de-Serres,
Paris.

***

Paris, le 22 septembre 1917.

Citoyen Longuet,

Ta lettre du 17 septembre pouvait me laisser supposer que tu avais été étranger à l'insertion de la note parue sous le titre « Avertissement » dans le *Populaire* du 15 courant.

Mais je ne puis plus conserver cette illusion puisque cette sinistre comédie continue.

Elle continue avec ton concours et ton autorisation, je dirais même sous ton patronage puisque tu es le directeur du *Populaire*.

J'en ai assez et je suis tout à fait résolu à mettre immédiatement un terme à cette campagne de sottises et de diffamation.

Il est faux que je ne fasse plus partie depuis le 14 août du Comité où j'avais été élu par les délégués des Fédérations à l'issue du dernier Congrès national, et je n'en veux pour preuve que ta propre lettre du 17 courant dans laquelle tu m'accuses réception de ma lettre de démission datée du 12 septembre courant.

Il est puéril autant que perfide de faire connaître aux Fédérations et à tous les camarades minoritaires (*sic*) qu'ils ne doivent tenir aucun compte des communications que ce citoyen (c'est moi) pourrait leur faire, puisque, à la date du 14 août, j'ai volontairement démissionné des fonctions que j'exerçais en qualité de secrétaire de la minorité, décision que j'ai confirmée énergiquement à mon bureau deux ou trois jours après, lorsque Souvarine, envoyé par votre Comité, est venu de sa part me demander de conserver le secrétariat.

La situation est donc claire sur ces deux points : j'ai résilié le 14 août les fonctions de secrétaire, le 17 août, j'ai remis entre les mains de Souvarine les seuls papiers que je tenais de Delépine, mon prédécesseur, lors de mon entrée en fonctions, et, le 12 septembre, j'ai démissionné, non plus pour des raisons personnelles, mais pour des considérations d'ordre général, du Comité de votre minorité.

Entre temps, je t'ai adressé une lettre d'explication que j'ai jugé être nécessaire, pour faire paraître dans le *Populaire*.

Tu m'as répondu que les camarades de ton Comité n'étaient pas d'avis de la publier.

Je regrette pour eux et encore plus vivement pour toi que cette petite campagne continue en se masquant sous le voile de l'anonymat qui, en l'espèce, n'est que celui de la lâcheté.

Par la présente lettre, que je te fais porter à la main, et dont tu recevras copie sous pli recommandé, je viens donc te prier à nouveau de m'écrire, par retour du courrier, pour me donner l'assurance formelle que, dans le plus prochain numéro du *Populaire*, paraîtront la lettre que je t'ai envoyée le 12 courant ainsi que la présente, faute de quoi je te considérerais toi, Jean Longuet, comme seul auteur responsable de la petite ordure déposée dans le bas des colonnes du *Populaire*.

Et puisque tu te piques si souvent, me semble-t-il et non sans une certaine fatuité, d'être quelque peu journaliste, tu recevras la visite de deux de mes amis qui, selon les traditions de la profession à laquelle j'ai appartenu plus longtemps que toi certainement, voudront bien se charger de me représenter pour vider cette querelle sur un terrain où les diffamateurs, les imbéciles et les lâches n'ont pas coutume de fréquenter.

Sincères salutations.

Ulysse LERICHE.

Voici donc qui est on ne peut pas plus limpide.

On publie contre moi, sous une forme offensante, des assertions que l'on sait être fausses.

Je demande une rectification, on me la refuse.

J'envoie mes témoins à Longuet, et alors, pendant plusieurs jours, il ne paraît plus à la Chambre, ni à son bureau, ni chez lui à Châtenay.

Evidemment, ce n'est point qu'il ait peur. Au contraire !!

Il essaie alors une diversion : faire intervenir des témoins interlopes.

On va voir dans quelles conditions.

***

Paris, le 24 Septembre 1917.

Pneumatique.

Monsieur Maurin, correcteur,
Paris.

Monsieur,

En votre qualité de témoin de M. Jean Longuet, vous avez dit, hier, à la *Bellevilloise*, que les témoins de M. Leriche, notre client et ami, pourraient vous rencontrer aujourd'hui lundi en vous téléphonant à Saxe 23-49.

Nous venons de le faire et l'on nous a répondu que vous n'y viendriez point cette après-midi.

Dans ces conditions, il serait superflu d'aller trouver ce soir M. Delépine au *Journal du Peuple*.

Nous vous prions de bien vouloir, M. Delépine et vous, vous trouver sans faute demain mardi 25 courant, à six heures du soir, aux bureaux du *Journal du Peuple*, où nous espérons rencontrer les deux témoins de M. Longuet.

J'ai l'honneur de vous présenter, Monsieur, mes civilités.

Pour les témoins de M. Leriche, l'un d'eux :

Ch. Kosman,
Représentant en métaux.

***

RÉPUBLIQUE FRANÇAISE

CHAMBRE
DES DÉPUTÉS

Paris, le 24 septembre 1917.

Citoyen Leriche,

Je ne comprends rien à vos lettres successives et vitupératives ; vous vous en prenez à moi, avec une véhémence absolument extravagante à propos d'une note que le Comité de la Minorité avait publiée comme c'était son droit dans le *Populaire*. Cette note avait paru une première fois, sans que je l'ai vue et la deuxième fois, elle a été publiée sur la demande expresse de la trésorière.

Je regrette bien vivement ces incidents, mais vous ne pouvez vous en prendre qu'à vous-même. Le jour où le Comité de la Minorité a reçu votre démission et a nommé un autre secrétaire, vous deviez loyalement lui remettre tous les documents que vous possédiez en qualité de secrétaire. Malgré les instances de tous les camarades, vous vous êtes obstiné, contre tous droits, à conserver la liste des militants que vous possédiez (1). Ceci a naturellement provoqué une vive émotion chez nos amis qui, d'autre part, vous reprochent d'avoir communiqué la liste de nos militants à Goldsky (2).

Vous comprenez bien que j'ai autre chose à faire que d'entrer dans toutes ces histoires. La

---

(1) Longuet affirme ici ce qu'il sait pertinemment être une contre-vérité. Il ne peut pas ignorer que les deux cahiers d'adresses que je tenais de Delépine ont été remis par moi à Lifschitz, dit Souvarine (Boris), dans mon bureau, le 17 août dernier, alors que Lifschitz-Souvarine-Boris venait, de la part du *Comité de la Minorité*, me presser très instamment de conserver les fonctions de secrétaire de la minorité Longuettiste, ce que j'ai énergiquement refusé.

(2) C'est faux.

Mais, dans les amis de Longuet, on ne compte plus les mensonges.

Quant à la pudeur? C'est un sentiment qui est totalement ignoré du député de la deuxième circonscription de Sceaux. Qu'il soit actuellement en délicatesse avec Jean Goldsky, ancien rédacteur en chef du *Bonnet Rouge*, parce que celui-ci est détenu — et l'instruction établira si sa culpabilité est fondée ou non — c'est son affaire.

Mais ce qu'il ne faut pas que Longuet oublie, c'est que si j'ai donné, occasionnellement, une collaboration gratuite au *Bonnet Rouge*, lui Jean Longuet, recevait cinquante francs pour chaque article qu'il signait dans le *Bonnet Rouge*. Les uns écrivent pour servir une idée, les autres pour recevoir de l'argent.

Karl Marx rougirait si, sortant de son linceul, il pouvait lui être donné de juger Jean Longuet, son petit-fils.

note publiée dans le *Populaire* ne comprend d'ailleurs ni diffamation, ni injures, comme vous le dites. Si je l'avais moi-même rédigée, elle eut été faite sous une forme moins sèche. Quant aux histoires de témoins et de duel, je suis persuadé que vous serez le premier à en rire, quand vous aurez recouvré votre sang-froid.

J'ai bien l'honneur de vous saluer.

Signé : Jean LONGUET.

***

Comment! J. Longuet s'étonne que je m'en prenne à lui?

C'est de l'audace ou de l'inconscience, c'est de l'amoralité!

Longuet suppose pourtant bien qu'après avoir blâmé la première insertion de l'*avertissement*, après avoir reconnu que cette note était inexacte, après m'avoir refusé une rectification, après avoir quand même fait paraître une deuxième fois ces lignes qui puent la calomnie, je ne vais pas m'en prendre à une femme qu'il a le triste courage de mettre en cause dans sa lettre du 24, paraissant vouloir se dérober derrière elle. Non, Longuet, rassurez cette femme que vous n'avez pas honte de mettre en cause et qui n'appartient aucunement à la rédaction du *Populaire*.

C'est vous qui me rendrez raison.

Vos acolytes ensuite.

Je n'ai pas perdu mon sang-froid et je vous plains cordialement de professer que les choses qui touchent gravement à l'honneur d'un homme peuvent le porter à rire.

Dans tout cet incident, s'il se trouve des rieurs, je crains qu'ils ne soient pas de votre côté. En attendant, riez, riez à l'aise, riez de vos insultes, riez de votre fuite, riez de votre couardise, riez jaune, riez noir, riez toujours....., mais pensez au vieil adage : « *Rira bien qui rira le dernier* ».

***

Paris, le 24 septembre 1917.

Mes chers amis,

A la suite d'une note intitulée : « Avertissement » parue dans les numéros du Populaire *datés du 15 et du 22 courant, j'avais écrit à Jean Longuet, député de la Seine, directeur du* Populaire, *pour établir jusqu'à l'évidence que le mensonge et l'intention de nuire s'étalaient dans cette communication adressée par la voie de la presse à nos camarades du Parti socialiste. Je demandai l'insertion d'une rectification qui, en rétablissant la vérité des faits, eût démontré qu'il était faux de prétendre que je ne faisais plus partie du Comité de la Minorité depuis le 14 août, puisque — la lettre du 17 septembre, de Longuet, en fait d'ailleurs foi — c'est le 12 septembre seulement que je lui avais écrit pour le prier de porter ma démission à la connaissance de nos camarades du Comité de la Minorité et qu'il m'accusait réception de cette lettre de démission le 17 septembre, en m'assurant, dans tous les cas, de ses bons sentiments à mon égard et en regrettant, m'écrivait-il, des froissements dont il ne s'expliquait d'ailleurs pas la cause* (sic).

Malgré cette déclaration écrite de Longuet, déclaration qui établissait nettement la situation des parties en cause, le Populaire *qu'il dirige et qui est, non pas son organe, mais l'organe de la Minorité du Parti à laquelle je me flatte d'appartenir, refusait systématiquement d'insérer ma lettre de rectification et continuait à jeter le trouble dans l'esprit de nos camarades.*

Je n'ai donc pu, malgré mes efforts, obtenir de la rédaction du Populaire, *ce qui eût été pour elle un simple devoir de loyauté, ni l'insertion de mes explications et de ma rectification, ni le nom de l'auteur ou des auteurs du* filet *en question.*

Ne voulant pas recourir aux moyens que la procédure et la justice bourgeoise mettraient cependant à ma disposition en vertu de la loi sur la Presse, pour obliger la rédaction du Populaire *à insérer envers et malgré tout ma rectification, j'ai écrit à Longuet, le 22 courant, pour lui faire savoir que, faute par lui de me faire connaître par retour du courrier le nom de l'auteur des lignes incriminées, je le tiendrais pour responsable et que je lui en demanderais réparation.*

Je n'ai pas reçu de réponse écrite de Longuet, mais deux de ses amis, Delépine et Maurin, m'ont fait savoir hier, 23 courant, à la Bellevilloise, que Longuet ne pouvait pas ou ne voulait pas citer le nom de l'auteur que je lui réclamais, qu'il en assumait toute la responsabilité et que mes témoins s'entendraient avec les siens.

En conséquence :

Attendu que les filets parus à mon sujet dans les numéros du Populaire *renferment des assertions fausses, intentionnellement mensongères et faites dans un véritable but de diffamation.*

Je vous demande d'exiger de mon adversaire, avec l'insertion de mes lettres des 12 et 22 courant, une note rectificative du filet intitulé : « Avertissement » ainsi qu'une lettre d'excuses dont j'aurais, par avance, approuvé le texte et laquelle sera signée Jean Longuet, député de la Seine.

Ces communications devront paraître en tête de la première page et en caractères ordinaires, dans les deux plus prochains numéros du Populaire.

Faute d'obtenir intégralement cette satisfaction, que je juge être légitime, j'exige de Jean Longuet une réparation par les armes, étant entendu qu'il ne peut pas avoir de doute sur ce point : je suis l'offensé, j'ai le choix des armes et du mode de combat.

Quand vous aurez pu me rendre compte de votre mission, il ne restera plus à régler que les détails de la rencontre à laquelle, je l'espère pour lui, mon adversaire ne voudra pas se dérober.

En vous remerciant, je vous prie d'agréer, mes chers amis, mes sentiments fraternels et les meilleurs.

U. Leriche.

Au citoyen Ch. Kosman (C. G. T.) et au capitaine Dez (P. S. I. O.).

Paris, le 28 septembre 1917.

Mon cher Leriche,

A la suite d'un entrefilet intitulé : « Avertissement », paru consécutivement dans les numéros des 15 et 22 courant dans le journal *Le Populaire*, dont M. Jean Longuet, député, est le directeur, et n'ayant pu obtenir de ce parlementaire une rétractation d'un fait qu'il savait être faux, ni des excuses pour les propos outrageants qu'il renfermait à ton égard, tu nous as chargés de demander à M. Longuet ou des excuses ou une réparation par les armes.

Après maintes démarches auxquelles ont eu le grave tort et l'incorrection invraisemblable de se mêler les sieurs Maurice Delépine et Maurice Maurin qui n'avaient reçu aucun mandat de M. Longuet, nous avons pu rencontrer aujourd'hui, enfin, celui-ci, à la Chambre des députés.

Il nous a remis le texte d'une note rectificative qu'il fera paraître dans le *Populaire*, refusant, pour le surplus, de faire des excuses et ne voulant pas non plus accepter une rencontre.

Dans ces conditions, mon cher ami, nous considérons notre mission comme terminée et, restant toujours, éventuellement, à ta disposition,

Nous te serrons très affectueusement la main.

Ch. Kosman,
Représentant en métaux,
6, rue Sédaine, Paris (11e).

Dez,
Ingénieur, capitaine d'artillerie,
44, rue de l'Ourcq, Paris (19e).

Je serais impardonnable d'affaiblir, par le moindre commentaire, la lettre de mes deux témoins et amis.

Elle situe, comme il convient, le rôle des sieurs Longuet, Delépine et Maurin.

Cependant, cherchant toujours la tangente, l'homme énergique qui a été élu en 1914 — une fois n'est pas coutume — par la deuxième circonscription de Sceaux, écrivit de sa main, devant mes témoins, à la Chambre, la rectification suivante, qu'il promit d'insérer dans le *Populaire* :

CHAMBRE
DES DÉPUTÉS

Paris, 28 *septembre* 1917.

La note publiée par le *Populaire* au sujet du citoyen LERICHE, ayant été inter-

prêtée sous une forme erronée par celui-ci, nous tenons à bien préciser qu'elle ne tendait à mettre en cause ni son honorabilité, ni sa sincérité.

Elle constatait simplement un fait : que le citoyen Leriche n'était plus secrétaire du Comité de Propagande de la Minorité, ayant donné sa démission et, qu'en conséquence, toutes les communications des Fédérations et des groupes devaient être adressées à la citoyenne Marianne Rauze, 49, rue de Seine, Paris (VIe).

Evidemment, cette note, tardive, évasive, ne me donnait pas satisfaction.

Encore Longuet aurait-il dû avoir la pudeur de courir à l'imprimerie pour faire passer cette note dans le *Populaire*, en bonne place.

C'était alors vendredi après-midi, le journal ne paraissait que le lendemain et Longuet avait plus de temps qu'il ne lui en fallait.

Il lui en faut moins, quand il y va, le vendredi à minuit, pour censurer un article de Mayéras ?

En tous cas, cette note écrite, Longuet en remit un double, également écrit de sa main, à Kosman et à Dez, puis il glissa l'original dans la poche de son veston crasseux.

Elle y resta.

Et si elle ne doit en sortir que lorsque Longuet fera nettoyer son veston, la pauvre note risque d'y rester longtemps !...

J'ai donc envoyé à mes deux témoins la lettre suivante :

U. LERICHE
PARIS

Paris, le 1er octobre 1917.

Messieurs

CH. KOSMAN, *représentant en métaux, secrétaire du Syndicat des Voyageurs et Représentants (C. G. T.).*

et DEZ, *ingénieur, capitaine d'artillerie, membre de la Fédération de la Seine (S. F. I. O.).*

PARIS.

Mes chers amis,

Excusez-moi de vous avoir dérangés pour un aussi triste individu que Jean Longuet, qui renie sa signature, ses actes, ses injures, ses diffamations, qui affirme tout, qui désavoue tout avec la même facilité, qui n'a, en fait d'amour-propre que celui de sa réélection qu'il sait être compromise, et qui s'imagine bénévolement se tirer d'affaire, en toutes circonstances, en faisant des pirouettes.

Qu'il continue cyniquement à jouer ce rôle, cela ne saurait atteindre que sa petite personnalité, dont la dignité lui importe peu.

Mais, dans tous les partis politiques, les gens épris de justice apprécieront sa conduite comme il convient.

Quant à Maurice Delépine et à Maurice Maurin qui, ne sachant pas ce que c'est que l'honneur, avaient usurpé une fonction pour laquelle ils n'étaient pas mandatés, *ni qualifiés*, ce sont de vulgaires drôles.

Tous deux sont aussi des candidats éventuels à la députation.

Singuliers éléments pour le recrutement de la prochaine législature !

Bref, j'avais cru, en vous mettant en rapports avec Longuet, Delépine et Maurin, que vous pourriez causer avec des hommes et vous n'avez trouvé que trois voyous.

Encore une fois, pardonnez-moi de vous avoir dérangés pour des goujats de cette espèce.

Recevez tous mes remerciements en agréant, mes chers amis, avec mes salutations entièrement dévouées, l'assurance de mes sentiments affectueusement reconnaissants.

U. LERICHE,
Membre du P. S. I. O.,
démissionnaire du Comité de **la Minorité** et du Secrétariat du dit **groupe.**

***

Et maintenant, ami lecteur qui as eu la patience de suivre jusqu'ici le récit de cet incident, je te dis merci.

Merci, car Longuet et ses acolytes comptaient absolument sur l'impunité.

Il voulait bien insulter, calomnier, diffamer; mais n'en rendre compte qu'à eux-mêmes, c'est-à-dire à personne.

C'eut été trop commode.

Je lui ai demandé une rétractation et des excuses : il s'est défilé !

J'ai demandé une réparation par les armes : il a pris la poudre d'escampette !

J'use donc du seul moyen qui s'offre à ma justification en publiant ces « **Documents** ».

De nombreux exemplaires en seront distribués les 6, 7, 8 et 9 octobre courant au **Congrès national socialiste** de Bordeaux où deux fédérations m'ont fait l'honneur de m'envoyer en qualité de délégué titulaire.

Et, là-bas, si malgré tout, Longuet se souvenait qu'il messied fort à un journaliste, à un député —

même socialiste — de se terrer comme il l'a fait, s'il voulait, enfin, prendre une autre attitude, il pourrait m'envoyer des témoins au *Grand Hotel de Normandie*, cours du 30-Juillet.

J'emporte de Paris tout.... ce qu'il faut pour.... écrire.... et la manière de s'en servir !

ULYSSE LERICHE,

Ancien Syndic de la Presse coloniale, délégué au Congrès international de Lisbonne en 1898, membre de la Fédération de la Seine (S. F. I. O.), délégué au Congrès national de Bordeaux (Octobre 1917).

4 octobre 1917.

Paris. — Imprimerie Nouvelle (association ouvrière), 11, rue Cadet.
A. Mangeot, directeur. — 1592-17.

www.ingramcontent.com/pod-product-compliance
Ingram Content Group UK Ltd.
Pitfield, Milton Keynes, MK11 3LW, UK
UKHW021036220726
13924UKWH00001B/355